Friedrich Christian Delius
Die unsichtbaren Blitze
Rotbuch 250

W0214894

Friedrich Christian Delius

Die unsichtbaren Blitze

Gedichte

Rotbuch Verlag Berlin

1.-6. Tausend 1981
© 1981 Rotbuch Verlag, Berlin
Umschlagfoto Andreas Schwarz,
(aus dem »Appenzeller-Bilderbuch«, August 1979)
Satz und Druck Poeschel & Schulz-Schomburgk, Eschwege
Printed in Germany. Alle Rechte vorbehalten
ISBN 3 88022 250 9

Inhalt

1

2

I

Geschichte vom Rheinfisch

Dieser da, Lachs oder Hecht, hatte den Rhein
Von unten gesehn, kannte Metallschlamm, Ölfleck,
Reichtum der Welt. So gut wie heut
Gings dem noch nie. Lachs oder Hecht, der schwamm
Ins Netz, zuckte im Netz des Beschützers, Erforschers
Des Flusses. Der wirft in sauberes Wasser das Tier,
Schon kracht, noch wünscht der Mensch ihm glückliches
Leben, der Schlag ins Genick Sauerstoff ins Blut.
Schreit der Fisch: Salze und Cadmium für meine
Kiemen! Hilfe! Blei her oder ich sterbe!
Und krepiert am Schock. Wieder bietet ein Toter
Das Beispiel, der Fisch.

Legende vom Bartholomäus

Hat der von anderen Möglichkeiten gesprochen?
Hat der vor Uniformen nicht sich verkrochen?
    Den haben sie observiert.
    Den haben sie mit Gutachtern tüchtig blamiert.
    Den haben sie endlich sich vorgeknöpft.
Haben sie den in der reservierten Zelle nicht geköpft?
Haben sie dem gesagt: auch wir sind gegen Gewalt?
    Dem haben sie ihre Messer gezeigt und ihn angeschnallt.
    Dem haben sie Müll in Mund gestopft, der hat geschwitzt.
Haben sie dem die Haut ganz fein geritzt?
Haben sie dem Stück für Stück die Haut abgezogen?
Haben sie dem vieltausend Nerven gebogen?
    Den haben sie den Leuten gezeigt: seht nur, wie
    Der das Zittern übertreibt, der Friedenshetzer, das Vieh.
Der kann sich kein zweites Mal häuten lassen,
Auch nicht verbrennen, vergiften, der Entwicklung anpassen.
Der tritt aus des Altarbilds (z. B. Waldorf/Eifel) Enge
Und taucht in die Neindanke rufende Menge.
Der trägt seine Haut gefaltet ohne Zeichen von Plage
Über den Arm wie den Mantel an einem heiteren Frühlingstage.

Chinesisch essen

Ja Ente mit Mandeln oder Krabben süßsauer
Acht Kostbarkeiten Schwein scharf gebackene Nudeln
Heut essen wir besser chinesisch als
Neunhundert Millionen Chinesen
Ja die Genüsse hören nicht auf
Wir haben die volleren Mägen die besseren Informationen:
Die Fische sterben weg Das Fleisch wird vergiften
Herr Ober noch Äpfel mit Honig
Ja satt auf den Stühlen und der Hunger
So weit von uns weg wie ein benachbarter Erdteil
Wir stellen uns ein auf Morcheln Algen Bambussprossen
Auf Kämpfe um Ententeiche und Großmarkthallen
Wir fressen ihnen den Reis weg die Hirse die Nüsse
Und sie merken es merken es nicht
Ja mit Messer und Gabel der Kampf gegen die bloßen
Hände
Bis wir fallen Das letzte Gefecht mit
Fleischfressenden Pflanzen

Vanille

Nachts nach eins aus dem Bett und hinaus
Vanilleeis mit heißen Himbeern
Dafür sind die Städte gut ein Parkplatz vorm Vanilleeis
Und Himbeern aus Polen wachsen hier
Sag wann fahren wir nach Polen
Nein wir zahlen die Himbeern in bar
Und die Direktoren der Himbeerpflückerinnen kaufen
Computer von unsern Experten für Raubbau
Es schmeckt sieh her es schmeckt
Ich liebe sage ich dich wenn du schmatzt
Du streckst mir die Zunge entgegen
Auf der das Eis schmilzt
Sag wo sind wir sag wer bist du
Noch arbeitet die Weltbank dafür
Daß wir die Vanille geschenkt kriegen
Von Indern und Südamerikanern und mitten in der Nacht
Auf den Tisch der trächtigen Stadt serviert
Wenn wir uns als Tote begegnen
Vielleicht werden wir an die Himbeeren denken
An die Kraft der Vanille im schmelzenden Eis
Wenn wir uns lebend treffen wie heute
An welchen Freiheiten werden wir festhalten uns
Nach den Papierschlachten nach dem Lob der Genüsse
Nach diesem und unserm tausendsten Frühstück
Wenn wir uns lebend treffen wie heute

Stromausfall

Die ersten Schüsse in dieser Straße seit 32 Jahren
Das Entsetzen ist aus den Gesichtern gefahren
Eine Stunde Spaß dann möchte jeder fliehn
Sind wir in Tokio New York London Berlin
In Hinterhäusern heißt die Parole: Weiter saufen
Ein Millionär will den letzten guten Menschen kaufen
Notaggregate verlängern einige Leben hundert Stimmen
An den Ufern treiben die gegen den Strom schwimmen
Ein Dichter vor der Kneipe wartet bis ihn einer erschießt
Oder ihm in den Mund das Abwasser fließt
Beine die niemals liefen werden wie Asphalt lebendig
Frauen und Männer über Schienen fluchend lachend
wendig
Wo sind die Kinder Musik die reich gedeckten Tische
Über das Schlachtfeld Boulevard fliegen die Fische
Wo wir uns finden
Mit Äxten und Sägen beim Kampf um die Linden

German Orpheus

Rings um die Ohren ein ungleicher Kampf
Hinter den Sandsäcken singen die Grenzschützer
Sirenen in meinen Ohren Sirenen
Sie singen sich Mut an Jeder könnte ein Feind sein
Sirenen in meinen Ohren Sirenen
Auf der Fabrik heult pünktlich Entwarnung
Schiffe im Nebel erwarten die Kollision
Welche Geräusche treiben Gesichter zur Wand Bomber
Im Anflug – versteckt euch es gibt kein Versteck
Sirenen in meinen Ohren Sirenen
Ich stopfe mir Wachs in die Ohren und
Laß mich fesseln will hören Das Wachs schmilzt
Ich höre und will nicht wahnsinnig sein
Sirenen Sirenen Sirenen

Das Klicken einer fabrikneuen Maschinenpistole
Der Krach der Städte das Heulen der Redner
Sirenen in meinen Ohren Sirenen
Alarm oder Fehlalarm oder Probealarm
Sirenen in meinen Ohren Sirenen
Die Kriege haben uns leben lassen bis
Jetzt kippt die dröhnende Stimme des Friedens über
Und Schüsse aus allen Richtungen
Die Ohren wünschen Musik und kräftigen Wind
Sirenen in meinen Ohren Sirenen
Ich rassle mit Worten versuche zu singen
Ich bin noch am Leben und hör in den Abend
Ob die Sirenen versinken versteinern
Sirenen Sirenen

Lieder eines fahrenden Gesellen

An den Autos das Blech wird immer heller
Die billigen Farben leuchten das Land aus
An allen Kreuzungen südlich von Wolfsburg
Warten die neusten Volkswagen ungeduldig
Auf den Tod Hier will ich nicht
Geboren sein

Wir fahren Im Radio Lieder
Von Mahler Nach Braunschweig
15 Kilometer Lieder eines fahrenden Gesellen
Im Radio Sopran Ging heut morgen übers Feld
Aus Braunschweig warum nicht aus Braunschweig
Kam der Beamte der das Hakenkreuz
In meine Geburtsurkunde stempelte

Lieder eines Mannes aus Böhmen vor 90 Jahren
Geschrieben drängen auf elektromagnetischen
Schwingungen mit Lichtgeschwindigkeit auf diesen
Lautsprecher in unsere nackten Ohren
Fahren fahren übers Feld
In diesen Minuten
Mitte der Welt

Laß das Fenster zu Ich will es nicht hören
Das Getöse der Taschenrechner Nicht sehen
Die Fassaden schamlos hinter Passanten mit der
Sehnsucht nach der blauen Schönheit der
Hundertmarkscheine Hier will ich nicht
Leben Wir fahren fahren Wir mit kindlichen
Stimmen jagen der Welt hinterher

Denkmal für einen Indianer

Da rufen Trommeln Frankfurt City Musik
Da tanzt ein Indianer echt im Kopfschmuck
Wirft die nackte Brust die blanken Füße tanzt
Reißt Beine sich aus mitten in Frankfurt Eröffnung
Einer Ladenpassage tanzt im Revier der Nutten
Schüttelt die Federn die echten das Kino ist
Wahr und zum Greifen Buffalo Child eingeflogen
Aus Colorado tanzt wirbt mit den Armen rein in die
Ladenpassage lockert uns Muskeln im Gesicht
Die Muskeln der Hand der Geldtasche Buffalo
Tanzt schließt die Augen Anbetung der gaffenden Götter
Frankfurt und Umgebung Reservat der Dollar fällt
Tanz schneller Buffalo Child aus Colorado

Plötzliche Stille

Saftig die Party die Leiber der Damen behängt
Mit ausgewählt alten Kostümen
Die Schenkel der Männer in Cowboyhosen
Prominenz ganz nah und Musik live
Badewäsche für jeden Swimmingpoolfan
Lange nicht eine so großzügig heitere
Party erlebt hundert erlesene Gäste schaukeln
Ausgelassen ohne Ermüdung die Stunden
Die Stimmung die Nacht vor Mitternacht
Da
Ein Schlag ein Gong
Und noch einen Schlag mit dem Gong
Und es scheppert zum Dritten der Gong

Der Hausherr in der Mitte der Gäste
In der Mitte der plötzlichen Stille
Zuende ist nun die Party denn Leibwachen
Und Polizisten haben Feierabend jetzt

Den dreifachen Gong noch lang in den Ohren
Warten wir
Schrieb der Berichterstatter
Auf den nächsten Schlag des allmächtigen Gongs

Wasserspiele

Deutlicher als damals Niagara
Im Kino Stereo hör ich das Wasser
Höre das Rauschen in diesen Hallen das Wasser
Im Landgericht Berlin Moabit
Von den Treppen Kaskaden von höchsten Stockwerken
Wasser
Fällt schwappt da durch Türen quillt es
Das Wasser drückt auf die schußsicheren Scheiben
Da in den Sälen sehen sich Richter und Anwälte vergrößert
an
Die Akten sind imprägniert die Kaiserloge fault
Schwimmwesten unter den Roben der kichernden Staats-
anwälte
Und die Polizei kriegt endlich U-Boote Torpedos

Deutlicher als in Atlantis
Das wir besuchten als Delegation
Gurgelt es in Moabit in Treppenhäusern und Fluren
Sachdienlich plätschern Anträge Plädoyers Gutachten
Wo sind die nicht Uniformierten die Nichtschwimmer
Wo sind die Angeklagten die ängstlich nach Luft
Schnappen die sprachen von
Wasserjustiz Wasserspiele Wassermühle
Ach längst sind sie ertränkt und
Herausgespült weg und vergessen

Deutlich die Putzfrauen mit trockenen Stimmen
Noch nicht zu Fischen geworden ja lachend
Sprechen ich höre sie sprechen
Von der ersten Frau auf dem Seil über die Niagarafälle
Marie Spelterini aus Berlin

Mit verbundenen Augen vorwärts und rückwärts
Dat glaubste nich Marie
Über die Niagarafälle aufm Seil die Frau

Mein Leben vor der Geburt

Herab auf dem Fluß
Auf einem weißen Lastschiff die Vorfahren
Fahren vorbei und winken uns zu
Ein Morgen 5 Uhr im Juli wir halten das Auto an
Auf dem Deich das Radio aus und das erste
Was auffällt: das sind Menschen die nicht schrein
Ihre Stimmen ungewöhnlich warm
Drei Dutzend Vorfahren unter der Flagge
Der guten Vorsätze der Toten:
Unsre-Kinder-sollens-besser-haben-als-wir
Fahren vorbei und winken uns zu
Wir haben es besser wir wissen: unsre verwesten
Erzeuger bleiben im Stande der Unschuld
(Keine Ahnung vom Kälteschock nach der Geburt!)
Aber wir hören ihnen gern zu
Wenn sie ihr Leben erzählen die Kinder
Deine große Großmutter aus Litauen
Stolze Binnenschifferstochter die einem Grundbesitzer
Die Stiefel klaut und ab memelabwärts
Mein kleiner Großvater als stolzer U-Boot-Kapitän
Der ein paar rote Matrosen von Kiel überlistet
Eh sie ihn absetzen ein deutscher Offizier
Und die Geschichten die sie nicht erzählen
Mittagshitze im Wind die Girlanden zur Sedan-Feier
Auf dem Marktplatz Kleinstadt Ostpreußen oder
Mecklenburg oder Rotenburg/Fulda
Die Tränen im Auge einer jungen Urgroßmutter
Oder einer mit dem ersten Schnurrbart
Der nicht weiß ob er Musikant oder Pastor werden soll
Beschließt am hellen Nachmittag nach Afrika auszuwandern

Und trotzdem sind wir in Europa geboren
Und da! Einer unserer vielen Väter besieht
Sein trockenes Sperma in der Hand und denkt nach
Ob er schon halb in der Hölle ist so ein Schreck
Ach unsere lieben Alten wie sie sich balgen
Um den Platz hinterm Steuerruder
Um einen unerschrockenen Blick von uns
Um die Nabelschnur zu uns um die letzten Gummibärchen
Spielen im Sandkasten die Bauern die Offiziere
Immer noch Krieg ihr großes Erlebnis
Und die Reihen einsamer Mütter
Geschlagen von dem was sie als Sünden verstanden
Und was ihnen die Herren antaten lachend
Nun beneiden sie uns weil das Herz uns so schlägt
Weil wir zusehn von weitem
Wie sie vorbeifahrn und winken
Die Leiden nehmen wir ihnen nicht und sie
Uns nicht die Träume Ein Sarg
Fällt klatschend ins Wasser
(Keine Ahnung vom Kälteschock nach dem Tod!)
Flußabwärts verschwindet das Schiff
Es fehlt nicht viel und wir begreifen die Welt
Jetzt können wir das Auto wieder starten Radio an
Wart noch
Es ist so still hier am Deich

2

Eröffnung des Weltkriegs in Xanten

Eben begraben der letzte römische Soldat
Eben reitet durch Schuttstraßen Churchill im Spähwagen
Lächelnd grüßt er den Union Jack auf den Resten
Des Domdachs Es riecht nach Krieg

Eben die Gotik geflickt und die eifrigen
Restaurateure fliehen aufs Land
Jetzt sind die Straßen steinfarben leer
Das Pflaster geputzt für die unermeßlichen Bomben

Bereit für die Last der Trümmer die Straßen
Leer Die Bewohner in ihren Bunkern
Sehen die Übertragung der feierlichen Eröffnung
Des dritten Weltkriegs fern

Im Museum
Ich
Klopf mir den Staub von der Jacke

Marianne H. 1945

Die Sonne hängt im März noch tief
Am Wegrain sitzt die junge Frau
Und knöpft die dicke Jacke auf
Fünf Minuten zwischen den Fronten
Ja Rauchen nein das wird dich verraten
        Wo bist du zu Haus Marianne
        Deine Deutschen sind hinter dir her
        Noch ein paar Tage

Sie läuft durch Schlamm und wieder Schlamm
Und wirft sich hin wenn Flieger flach
Läuft durch die Gräben Dörfer Wesel
Hauptkampflinie nach Dinslaken
Zu den Landsern läuft sie wieder und ist

Ein Mädchen blond von der sie träumen
Und alle Träumer hungrig nah
Am Tod die bringt sie zum Sprechen
Wen sie ranläßt den horcht sie aus
Da die Flakbatterien da die Geschütze

Die Sonne hängt im März noch tief
Am Wegrain steht die junge Frau
Und knöpft die dicke Jacke zu
Keine Pause mehr zwischen den Fronten
Nur im Versteck weit in der Stadt vielleicht
        Wann hast du gewonnen Marianne
        Deine Deutschen sind hinter dir her
        Noch ein paar Tage

Fünfter Gang im Grenzgebiet

Im Dunst das Land so flach die Sonne nur
Ein Loch und da der Bäume Rückenwind
Getrennt nach Geschlecht und stumm das Vieh
Die Möwen springen von den Würmern auf
Nein Wolken sind kein Dach für mich Wo
Werd ich bleiben

Um jede Wiese hier wurde gekämpft auf jedem
Meter Leichen vor fünfunddreißig hellen Sommern
Ich trete stärker in die Pedalen stärker
Im fünften Gang ich hab noch Kraft und freihändig
Eigensinnig über den giftigen Gräsern leiste ich
Den schönen Irrtum mir Ich bin ja stark und
Bleiben werd ich hier nicht

Fähre Schenkenschanz

Auf der Fähre übern Altrhein zu dritt
Nur wir und wir im graugrünen Wind
Die ausgebrannte Welt die schleppen wir nicht mit
Herüber hinüber weißt du wann wir am Leben sind

Das Wasser tot und ich fürcht mich nicht
Ich wag es nicht zu sagen das Wort Glück
Du zeigst dem Kind die nahen Weiden und das Licht
Komm näher her ich halt dich diesen Augenblick

Abend

für G.

Pappeln im Kopfstand und Pferde wälzen sich
Eh die Sonne geht zeigt sie in den Weingläsern uns
Da springt die Stille aus dem Gras und bleibt still
Wenn weithin Lastwagen rauschen und Schiffe überholen
Motoren sich bäumen unter chromatischen Wolken

Das steinefressende Gras wird lichter und schwarz
In welche friedliche Ecke sind wir geraten wir
Und keine Spur von Verachtung zwischen uns
Auf diesem Fleck gemieteten Niemandslands nur leichter
Wind und keine Grausamkeit in der näheren Luft

Niederländisch für Anfänger

Laßt Züge durch die Deiche preschen
Ja Laster durch die Polder jagen

Die gelben Nummernschilder leuchten auf dem Wasser
Und tausend Öltanks hängen schief in Rotterdam

Abends stolpern wir aus den Buchstaben in die Betten
Und morgens paßt kein Buchstabe mehr zum andern

Also besetzen wir Klischees und Häuser und
Knacken Symbole und Tulpen Metaphern und Tanker

So licht das Land und alles noch verborgen
Von Steinen umstellt von Hubschraubern umflattert

Es bleibt das breite Ja auf den Gesichtern
Und grüne Grüße die um jede Ecke rollen

Noch eine Pappel gepflanzt dann werden wir leise
Und höflich wegschleichen im Rücken geselligen Wind

Der Suezkanal

Ein Balken brennt im Haus
Und draußen bücken Kühe überm letzten Gras
Am Radio fummelt sonntags der Dorfpolizist
Suez Wo liegt der Suezkanal

Ein Haus brennt die Sirene schreit
Der Pfarrer spricht das Vaterunser vor
Die freiwilligen Feuerwehrhelfer warten
Und stürzen erst beim Amen aus der Kirche

Zwei Häuser brennen Sonne sirrt
Die Lehrerin besieht die Löscharbeit
Denkt an Ägypten Reisetraum in Flimmersonne
Und alle Bäume werfen langsam ihre Dächer ab

Rache der Gräser

Wenn die Gräser
Über euch herfielen
Morgens um vier
Durch Asphalt gebrochen
Vor eure Betten

Aufwachen auf einer
Wiese wie schön
Dann schnitten die
Gräser den Hals
Durch nur den Hals

Nachsendung für Nicolas

Die Nacht hing voll mit Bildern und mit Regen
Da riß ich (wer nimmt denn Papier zur Beerdigung mit)
Im Hotel die leeren Seiten hinten aus Gideons Bibel

Wickelte alles was ich behalten habe ein
Und schickte die Flaschenpost übern Totenfluß
Hinter dir her auf den altertümlichen Wegen der Trauer

Freundlich begutachtet kam die Sendung zurück
Aber die zerfressne Stimme wischte keinen Schrecken weg
Und keine Gedichte sprossen zwischen meinen Knöcheln
auf

Ein ernsthafter Liebhaber des waffenlosen Lebens –
Auch solche Nachrufe gelangen nicht –
Voll mit Bildern und Sonne zertreten die Tage

Roter Platz Moskau

Tags öffnet sich ein Friedhof weit und totenstill
Auf dem die Menschen nur verlegen stehn sich umdrehn
Da sind die Kirchen da die Urnen und kein Laut
Im Trauerzug der niemals aufhört

Mein Kopf will eine Mütze kaufen

Nachts zeigen die Gespenster Stalins Lächeln
Und der Wind versteint die Wachsoldaten
Den Mauern bin ich dankbar für die klare Sprache:
Hier hast du nichts zu suchen

Den Mauern immerhin

Programmierer abends

Der Mann da auf der Brücke überm Fluß
So lässig in der frühen Dämmerung der Sommerzeit
Ein Meister der kann alles mit den Zahlen 0 und 1
Der schafft sich Welten abzählbar unendlich
Hält inne sieht die Strömung und ihm schwindelt

Der Mann der sich da ans Geländer hält
Als hätte er vergessen was Wasser ist was Luft
Nach acht Stunden Höchstkonzentration die Angst
Wann geben die überreizten Computer die Krankheit zurück
Der Mann kickt eine Colabüchse von der Brücke

Der Mann der über dem Geländer hängt
Der weiß Bescheid der weiß Schwindelanfall
Ist Berufskrankheit und logisch
Der kann die Strömung nicht mehr sehn da unten
Er möchte nur die Schuhe ausziehn nur die Schuhe

Die Ewigkeit von Hanau

Mitten unter uns im Hessenland wo die Lastwagen
Frühmorgens in der Stunde der Haussuchungen
Vorfahren mit leisen Bremsen und das Fabriktor
Sich öffnet und die Fracht entladen wird
Von korrekten Männern mit sauberen Handschuhn
Und gestapelt im Bunker nach Vorschrift
Verstaut hinter mehrfachen Schlössern
Und von den Augen der Wärter beobachtet
Tagelang jahrelang auf den Monitoren
Das Wunderelement im sichersten Lager
Hinter Stahlbetonwänden zwei Meter dick
Die Ewigkeit gebündelt im Videoblick
Ein Kilo davon reicht für uns alle
Die Wärter passen auf und passen gut auf
Und warten und sitzen und reiben sich
Die Augen und warten daß ja nichts passiert
Mit den paar hundert Kilo Material
Passiere tut nix – sagen sie abends
Beim Bier nach dem vorgeschriebenen Trimmkurs
Und sitzen wieder auf Drehstühlen wartend
Und passen auf passen auf passen auf

Gorleben undsofort

Immer wieder
die käfigkranken Raubvögel
Immer wieder
die Adler in erstorbener Haltung
Über uns
kreisend
auf den Schutzhelmen

Immer wieder greifend und schlagend
Was immer mehr wird durch Greifen und Schlagen
Uns: Immer wieder immer noch immer mehr: Wir

Auf den Schutzhelmen
kreisend
über uns
Adler zum Plündern bestellt
immer noch
Raubvögel morgenblind
immer wieder

Wortmeldung zur Rüstungsdebatte

»Ohne Mampf kein Kampf«

Allein was zweitausend Soldaten essen
90 000 Eier 42 000 Kilo Frischfleisch 40 000 Brote
Und 13 000 Kilo Wurst und 280 000 Brötchen im Jahr
Und was sie sonst alles brauchen bei der
Friedlichsten aller Tätigkeiten sitzend
In Uniform dreimal am Tag an kurzen Tischen
Kein Kampf Ohne Mampf Kein Kampf

Nicht einem der sich hier einfangen läßt
Nicht einem der sich hier freiwillig hinsetzt und
Glaubt ein Facharbeiter des Friedens zu sein
Nicht einem
Gönn ich das Fleisch auf dem Teller die Wurst auf dem
  Brot
Ja nicht mal ein Brot gönne ich dem und
Keine Zigarette kein Bier wenns nach mir ginge
So unmenschlich bin ich das geb ich zu

Soldat Soldat

Zwei Stunden eh der Amerikaner einmarschiert
Hier unten Senne
                – Erzählt am Reservistenstammtisch einer
Sieht ein versprengter Landser einen
Riesenpanzer und richtet die Panzerfaust auf den
Und merkt nicht daß das ein Königstiger ist voll
Mit SS und drückt ab
                – Jetzt eine Pause Spannung steigt
Und zwei SS-Mann gehen drauf dabei
Erst da kapiert der Trottel daß das kein
Ami war und rennt weg die Hosen voll rennt
Besinnt sich aber wieder auf Soldatenehre
Und läuft zurück und stellt sich
                – Jetzt lachen zwei am Stammtisch
Kurzen Prozeß macht die SS und scheucht ihn
In den Wald und ein SS-Mann feuert das Magazin leer
Auf den Idioten
Der Kerl kam aus dem Münsterland
                – Jetzt lachen die Soldaten alle

Voltaire in Kalkar 1740

Französisch die Kommandosprache, und ein
Preuß, der König werden will und schwärmt: Dann werd
ich,
Dann werd ich, alle Sümpfe trocken legen werd ich,
Meine Schlachten schlagen, und meinen Bauern Mut zur
Zukunft.
Voltaire sieht durch das Fenster Regen,
Die Regenfäden, die am Niederrhein graugrünlich fallen,
Und um Schloß Moyland steigt das Wasser in den Sümpfen.
Der Philosoph, schon müde von den Sätzen im zackigen
Französisch (alles ändern, was Vernunft zu ändern fordert),
Friert, kein Wein, kein Weib, Dezember, Deutschland. Er
Starrt hinaus und sagt: Vergessen Majestät die Wüsten
nicht,
Die Wüsten. Friedrich schweigt und weiß nicht,
Ob er lachen soll. Länger als ihm lieb ist
Hat der Philosoph das letzte Wort.

3

Deutsches Abendlied

Ich wüßte gern was sich da abspielt
Ich wüßte gern welche Befehle die Augen
an meinen unerforschten Magen weitergeben
wenn schon wieder Uniformen auftauchen
wenn vor oder hinter und neben uns diese Stimme anlegt:
    Stehn bleiben! Ausweise bitte! Fahren Sie mal rechts
    ran!
Ich wüßte gern warum
dieser sonst so vernünftige Herzmuskel sich so nervös an-
    stellt
wenn wir
    die schnellen Hin- und Zurückreisenden mit wenig
    Gepäck
    die verdächtig wenig zu verlieren haben
gestoppt werden an Grenzen und Kreuzungen Brücken
gestoppt unterm Sternbild der Fische
gestoppt am Übergang von einem Betonland ins andere
    und in der Hitze festgehalten von verlassenen
    Zöllnern
gestoppt unter den Buchen an der Autobahn
gestoppt in kitschig grünen Gedanken
mitten in Landstrichen die wir gerne durchfahren mit
    hundertvierzig gestoppt

Ich wüßte gern ob dieses gestückelte Gefühl in den Metz-
    gereien Postämtern Blumenläden Konzertsälen und
    vor den lauwarmen Speisekarten
Scham oder Schmerz ist oder Wut oder empfindliche
    Kampfeslust
Ich wüßte gern mehr über den Schmerz
der hinter der Stirn vorbeizieht

wenn ich das Nervensystem beweglich halte
im Ohr noch die neuesten Wörter
vor Augen Gesichter der wirklich lebendigen Puppen
die auf Befehl des großen Rechners vor uns herumtanzen
Gesichter wie die gesuchten Gesichter
Ich wüßte gern ob es nur Angst ist
wenn sie so vor uns stehn mit schwitzenden Fingern
sich festhalten an Maschinenpistolen weil irgendwo
jemand einen wichtigen Mann erschossen hat stehn
sie so zitternd und deutlich vor uns die wir zittern
und nicht mal beim Rummel mutig auf Schießbuden
losgehn

Ich wüßte gern was sich da abspielt
im Rückgrat im wehrlosen Handteller
wenn wir nicht wegsehn wir sehen nicht weg
wenn sie das Handschuhfach leeren und zwischen den alten Benzinquittungen nach unsern Hoffnungen schnüffeln
wenn sie im Kofferraum im Sanitätskasten wühlen in unsern sprachlosen Mullbinden Resten von Mut
wenn sie die Wäsche durchstöbern die Seifendose die Bücher nach eindeutigen Beweisen für diesen schweinischen Sozialismus
wenn sie uns am Arm packen und aus unserm Haß Geständnisse lesen Geständnisse aus unserm Blick
Ich wüßte gern warum wir so verletzlich bleiben

Ich will kein Gutachten keinen Kongreß
und keine Podiumsdiskussion über die Geheimnisse der Gefühle
aber ich wüßte gern was sie da mit uns machen
wenn sie unsre frischen Empfindungen auslachen aus-

lachen die bescheidenen Pläne die langsam sich kräuselnde Wut
wenn sie das Land umkrempeln in Verdacht jede Bewegung und jeden genaueren Blick weil irgendwo jemand einen wichtigen Mann erschossen hat wird alles mit elektronischen Bajonetten durchbohrt
Ich wüßte gern warum wir nicht cool bleiben
wenn sie das Land aufrollen einrollen wegreißen
wenn sie uns das letzte bißchen Liebe zu diesem Land stehlen
wenn sie dies Land das sie nicht am Leben halten können verkaufen und dekorieren für die Feier der funkelnden giftigen möglichst farbigen Niederlage

Ich wüßte gern was sich da abspielt bei uns
wenn sie jedes frisch gewaschene Hemd abtasten
wenn ihre Spitzhacken den Waldboden zerhacken jede verdächtige Spur Engerling Spinne Ameise
wenn sie durch unsre Träume stapfen
wenn sie mit Panzerkanonen die Kornfelder besetzen und die Postkarten
wenn sie den Essig beschlagnahmen Öl Salz und Pfeffer
wenn sie die Druckmaschinen anhalten die beamteten Analphabeten
wenn sie den Wind prüfen auf seine Grausamkeit
wenn sie den Sprachverkehr regeln die Staatsanwälte
wenn sie die Hauptstadt hinter Säcke packen in eine Sandwüste auslagern
wenn sie den Schweiß messen an unsern Händen
wenn ihre Waffen Munition Funkgeräte den Herbst vertreiben die Wälder entlauben
wenn sie den Durst nach Durst verleumden und den Augenschein als den letzten Beweis
Ich wüßte gern was sich da abspielt
was sich da abspielt bei euch

Ballade Berlin

Übers tote Gleis humpelt die Witwe des Reichs
Direkt in die Kamera, dreht sich und tanzt und
Kreist frisch geschminkt um die gute Ruine.

Staatsmänner geben erleichtert Handküsse im Blaulicht.
Die Wachtürme betteln um ein paar Gramm Panik. Ein
Schuß, nicht jeder Schuß kommt von einer Beamtenhand.

Dekorateure prüfen gereizt die Hände der Puppen.
Abgekämpfte Bären lauern auf Möglichkeiten
Zur Flucht, heim nach Sibirien, Kanada, China.

Der Mörder verrät das Kennwort Jedergegenjeden
Und verschwindet im Autodschungel. Mitspielen wollen
Alle, wenigstens als Stuntgirl oder Beleuchter.

Ein Mädchen nimmt dem jungen Fremden das Messer aus
Der Hand und tritt in ein Bistro ohne Fliegen.
Rezept des Tages: Immergrün für alle Neurosengärten.

Statisten rennen sich schwungvoll die Schädel ein an
Optimistischen Betonteilen, Umleitungen, Absperrungen.
Andere suchen Feindberührung in den Mäulern der
Ubahn.

Mit rauschenden Stirnen laufen junge Dichter in
Flaschengrüne Nächte von Kneipe zu Kneipe, der große
Einfall in der Luft. Im Flugzeugkrach eine Ohrfeige.

Frauen mit Muskelkrämpfen in den Schulterblättern
Und trockener Kehle frühnachmittags vor der Fabrik

An der Bushaltestelle. Eine fällt um. Der Mörder

Versinkt unerkannt im Sitzkomfort des Wochenendes.
Touristen vor ihren teuren Getränken warten,
Daß die Schlagzeuger sich gegenseitig erschlagen.

Das Mädchen flieht mit klopfenden Pulsen bis zu
Den Stoppelgräsern einer Enklave und wünscht sich
Den Abend herbei. Ihr Freund hat alles verschlafen.

Alle Bewohner möchten ins Fernsehbild und warten und
Warten auf den einzigen Lottogewinn, auf Rente, auf
Die unendliche Rocknacht, auf Revolution, auf Ruhe.

Nur die Zocker in den Aufsichtsräten, die Zuhälter
In den Bürgschaftsausschüssen, die Luden in den
Ergrauten Verwaltungen überschauen die Geschichte.

Früher zerstörte die Jugend das Alte, heute will
Sie es bewahren, der Inhaber eines Koffergeschäfts
Wird Philosoph. Die lichtdurchlässigen roten Vorhänge

In der Wohngemeinschaft sind noch nicht aufgezogen.
Schon laufen die alten Frauen in die Kaufhäuser,
Um sich aufzuwärmen, ein bißchen, zwei Stunden.

Die Straßen werden breiter und breiter, bis die
Fensterscheiben in Scherben aufwachen. Der Held bewegt
Den untrainierten Arm, als wäre die Macht zu greifen.

Am nächsten Morgen im Wartezimmer wird er zwischen
Gebuckelten Alten immer jünger. Das Mädchen sieht
Im chinesischen Restaurant den Bürgermeister

Ratlos in Bambussprossen stochern. Der denkt an

Eine Rede mit dem Wort Heimat. Die nach oben offene
Richterskala meldet neue Bewegungen in Tiergarten.

Ein harmloser Zwischenruf, und schon muß der Held
Untertauchen an einem regenroten nelkentoten
Feiertag in der schlechter besetzten Nachbarstadt.

Fernsehtürme wachsen geduldig in die Wolken.
Die Steinquader des Reichstags gefüttert vom rach-
  süchtigen
Gewissen der Nation ruhen an der gemütlichen Mauer.

Der Mörder stellt einen Antrag zur Geschäftsordnung
Und wird verdächtig. Polizeipferde erwarten
Stündlich den Einsatzbefehl. Maske! schreit jemand.

Im Zoom vor den Fleischerhaken in Plötzensee wird
Der Spitzel enttarnt. Das Mädchen erschrickt und
Zieht sich zurück auf einen maigrünen Trümmerhügel.

Ein türkischer Sklave kauft sich frei bei der
Gebühreneinzugszentrale. Auf den Bänken zwischen
Aufgeschreckten Fassaden herzkranke Stempelhände.

Ein alt gewordener Arier steht stramm hinter
Fenstervorhängen, hat aber das Wort Abschreibung
Oder Verlustzuweisung niemals gehört. Maske! Maske!

Jetzt kreist die Witwe wieder dreimal um die
Gute Ruine und versteckt sich im dunkelsten Zimmer.
Das Mädchen zieht immer hellere Kleider an.

Über Subjektivität entscheidet der Clan der Designer,
Und wenn die Colts durch alle Kontonummern drängeln,
Bleibt noch die Aussicht auf einen Kurztrip Mallorca.

Während der Neueröffnung der Delikatessenabteilung
Wird eine Trümmerfrau verhaftet. Die Sbahn schlurft
Zum Friedhof und legt sich da hin zur Kartenverkäuferin.

Da streifen Fuchs, Eich und Bobrowski durchs Bild.
Alles flucht, nur der Drehbuchautor widmet ihnen
Und allen vergessenen Strolchen eine Schnapsglasallee.

Beinah hätte der Held, den endlich das Mädchen liebt,
Einen Konzertagenten erstochen. Die Abrißbirnen
Und ihre Vettern in der Bauverwaltung atmen auf.

Und die vereinigten Hochtöner, Mitteltöner,
Tieftöner in den Kompaktboxen mit 0,005 % Verzerrung
Vertreiben die Skrupel für länger. New York City

Ist das letzte Wort des Mannes im Surfanzug vor
Der Bar morgens um vier. Einer wartet, daß die
Gerechtigkeit kommt und durch Bücherregale bricht.

Das Mädchen gibt nicht auf und schickt eine
Kontaktanzeige los und weiß, daß zwei Millionen
Einsamer Herzen zwei Millionen Herzen suchen.

Ihr Traummann leidet an Durchsuchungsangst. In den
Ketchuptriefenden Boulettenstraßen Pizzainflation,
Hastig wie Vögel picken die Pärchen das Essen auf.

Am Schluß macht der Regisseur wieder alles kaputt
Mit einem langen subventionsversprechenden Gang
Des Mörders über die möwenpickende Mülldeponie.

Ode an die Flugzeugträger

1

Auf den Wassern auf den Wolken
Auf Seekarten und Landkarten und Zeitungspapier
Oder sonntags in düsteren Häfen
Seh ich Gebirge aus Eisen tonnenweise zusammen-
geschweißt
meergrau gestrichene Stahltürme so hoch
schwimmende Landebahn vollgestopft mit den funkelnden flugfähigen Maschinen immer startklar und gefüllt mit Raketen so heiß und so still wie Meteore so schnell
Ich sehe die brüllenden Flugzeugträger und will sie nicht sehn

Da sind die blauen Schirme die paradiesischen Spielhöllen
Da sind die Rechenanlagen die die Arbeit der Piraten übernommen haben
endlos flackernde Daten und Zeichen damit jedes Milligramm Sprengstoff und jeder Millimeter Waffe noch besser noch vernichtender trifft
Da sind die schnellen Neutronen die das Riesenschiff antreiben
sind die Neutronen blau oder gelb oder Neutronengrün
Da ist ein übers Wasser laufender Flugplatz wo nichts mehr gedeiht
kein Blatt kein Zweig für Moses und kein Mut so hoch über den Fischen
Ich sehe ein Riesending über die Meere rasen mit der einzigen Botschaft WIR LIEBEN DEN TOD UND

SONST NICHTS AUF DER WELT
die größte Kriegsmaschine die größte Friedensmaschine für Krieg und ich will sie nicht sehn die ist verflucht
Verflucht sind die Flugzeugträger und was sie tragen die handlichen und von allen Oberbefehlshabern gehätschelten und abgeküßten Hülsen mit der verborgenen Schlagkraft die allen bekannt ist
Verflucht die Sprengköpfe die nach allen Regeln des perfekten Verbrechens von elektrischen Gehirnen gelenkt und fallend alles zerfetzen was Stein ist was Holz ist und was Fleisch
Verflucht was das Knochenmark tötet und die Milz und die Lymphgefäße was Geschwüre setzt in Mund Magen und Eingeweiden und was die Haut verbrennt und die roten Blutkörperchen rötet und dann zerstört und die Schilddrüsen und die Knochen und die Gene kaputtschlägt und den grauen Star losläßt und die Ohren sprengt und alles was zeitweilig noch am Leben ist zum Anschwellen und Brennen bringt das ist verflucht verflucht

Da sind die Wehrexperten mit dem fettfreien Marine-Steak im Bauch und mit den schnörkelfreien Interviews mit dem freundlichen Kapitän im Recorder
Da sind sie zu sehen im Totentanz auf dem Betondeck Foxtrott mit den Offizieren
den letzten und noch einen Foxtrott
Da sind sie zu hören und ihre Wörter Abschreckungslücke Kräfteübergewicht Vorleistungspazifismus Abwehrbereitschaft Abschreckungsoption
Verflucht wer das schreibt und wer das wiederholt ohne zu erröten und sich verkauft an die Ministerien für Mord und für Totschlag

2

Ihr ausgewachsenen Männer
　　im Käfig im Stahlberg Stahlsarg Stahlgrab
　　nie habt ihr euren Frauen in die Augen gesehen
　　nichts wißt ihr von den Gesten der Kinder
　　was hat man mit euch gemacht
Ihr frisch gewaschnen Matrosen
　　im Mausoleum für Männerwirtschaft
　　ich seh euch und will euch nicht sehn ihr Fixer
Ihr Piloten
　　schon abgestürzt in den adretten freundlichen Haß
　　abgestürzt in die schulterklopfende Härte
　　verbeulte Teile eurer Maschinen seid ihr geworden
　　und immer noch mit dem Nacken zuckend vor Angst
　　abgestürzt seid ihr und verflucht
Ihr ahnungslosen Funker
　　die ihr alles nachplappert in den pfeifenden Leitstellen jeden planetarischen Tod emotionslos
　　wer hat euch gelehrt die Gefühle für euch zu behalten zwanzig Jahre lang
Ihr sechstausend Mann
　　eingepfercht wie die dümmsten Amphibien
　　rückwärts kriechend auf hochtechnologischen Schienen
　　uniformierte Hampelmänner seid ihr geworden
　　eingesargt seid ihr und verflucht
Ihr kiffenden Landsknechte
　　zieht hinaus mit Hurra und Drauf drauf dran
　　und ab auf die Wellen und Wolken mit verbundenen Augen
　　tätowiert mit den Formeln des Stoffs der alles zerreißt
　　und mit dem einzigen Traum vom größten Fick

aller Zeiten
versunken seid ihr und verflucht
Ihr mit den kastrierten Sinnen
sogar die Ohren müßt ihr zuhalten mit Ohrenschützern die ihr Mickey Mouse nennt
wie Mäuse seid ihr in Kajüten gesperrt die bewohnt
sind von Geheul und das Deck ist voll Geheul
was hört ihr noch außer Befehlen
was hört ihr außer dem Krachen der Triebwerke
befohlen von den Kontrolltürmen
und ihr wißt schon nicht mehr wer den Kontrolltürmen befiehlt
die Befehle gehen von den Maschinen aus
und was gut ist bestimmen die ausgereiften die
hochsensiblen die überaus intelligenten Raketen
Ihr verbrennt die Erde ihr entsalzt das Meer
ihr verfärbt die Luft und schüttet die Feuer mit Feuer zu
ich begreife euch nicht
ich seh euch und will euch nicht sehn
ich will nichts wissen von euch und ich kenn euch
und wenn jemand fragt dann sag ich
versunken seid ihr und verflucht

3

Verflucht wer sich einläßt auf das Verfluchte
Verflucht sind alle Flugzeugträger und was sie tragen
Verflucht alle Waffenhändler Waffensammler Waffen egal welche Schlagkraft und welche Namen alles was da Cruise Missile oder SS 20 heißt oder Tornado oder Backfire oder Lancerakete oder Pershing oder Leopard alles verflucht verflucht verflucht
Verflucht sind die Kampfflugzeuge die Panzerspähwagen und alles was in Tarnfarben übern Horizont wischt

auch die Uniformstoffe alle und alle gefüllten Patronen sie sollen verschwinden zerrieseln wie Wasser zwischen den Händen
Verflucht dies Schiffsgebirge das meinen Kopf durchpflügt
mein Leben durchwühlt und mich lächerlich macht
lächerlich meine Wut auf diese Maschinen
lächerlich meine Attacken gegen Windmühlen
lächerlich wie die Flugzeugträger noch hier an Land auf dem Trockenen mit voller Kraft voraus auf uns zustürzen und wir schweigen und wollen nicht wissen oder schreien verflucht verflucht verflucht

4

Sagt mir
Wie krieg ich das Ding aus dem Kopf
mit welchem Tanz sind die Stahlplatten zu schlagen
mit welchen Reimen die Rechner
mit welchen Vögeln die Funksprüche zu stören
mit welchen Fäusten die Tragflächen entblättern
welchen Zucker in welchen Tank
Ich weiß nur
das Ding wird eher verschwinden
als der Wunsch daß es verschwindet
Ich weiß nur
irgendwann wird sich der Rost auf unsere Seite schlagen
und die liebliche Materialermüdung
irgendwann die heilige Inflation
irgendwann werden die Planungsingenieure sich überschlagen und samt ihren Waffen auf den Müllhaufen katapultieren
und was ist wenn die Bergwerke leergeschabt sind dann werden auch diese Monster verschrottet und

zu Brücken verschweißt
Und vielleicht wird es doch einen Tag geben
an dem zu viele Männer sich weigern
Oder einen Tag
an dem das Meer streikt
stellt euch vor das unermüdliche Meer streikt plötzlich und trägt keine Kriegsschiffe mehr und läßt sie einfach fallen verschwinden versinken im Schlamm und verrosten im Schlamm
und wir feiern am Ufer Auf Wiedersehen ihr Saurier Auf Nimmerwiedersehen jetzt kann die Geschichte der Menschheit beginnen

5

Aber
Das dauert zu lange
Für solche Hoffnungen fehlt mir Geduld
Ich schließe die Augen
Ich konzentriere mich
Ich nehme die Wörter
Denn was die Köpfe und Arme und Plakate und Unterschriften nicht schaffen
Das können die Wörter vielleicht
Die deutlichen fließenden zweideutig klaren
Die alleskönnenden kreisenden stechenden Wörter
Die können ja seht was sie können die können
Einen Flugzeugträger aus den Wellen heben
Hoch in die Luft stemmen wassertropfend
Und sogar zum Fliegen bringen
Die können ihn wieder abstürzen lassen ihn durchschütteln
Bis die Matrosen in die Rettungsinseln platschen
Bis alle Kampfflugzeuge auf die Meere verteilt sind auf den Meeresboden
Bis alle Batterien verlöschen

Ja das können die Wörter die Wörter
Können noch mehr sie können in aller Bescheidenheit
Einen Flugzeugträger
Versenken
Nicht nur einen versenken
Alle verfluchten Flugzeugträger aus allen Richtungen
Mit allen Ersatzteilen und allen Flugzeugträgerargu-
menten
Das können die Wörter
Einfach versenken den Dreck

Also hört her
Also seht her
Einen Augenblick Ruhe bitte

Jetzt
Wird
Er
Versenkt
Auf dieser Zeile versenke ich ihn
In dieser Minute auf dieser Seite auf diesem Blatt
Versenkt
Versenkt
Versenkt
Versenkt im Meer des Gedichts
Vorsicht
Vorm Strudel vorm Sog
Hurra und Adieu da liegt er im Schlamm
Tief tiefer am tiefsten
Versenkt verflucht versenkt

4

Belagerung von Monemvasia

für Jannis Ritsos,
geboren in Monemvasia

1

Wieviel Vorräte haben wir noch? Kein Getreide kein Wein paar Fässer Oliven?
Immer noch fliehen Fische in unsre Netze. Erst werden Katzen geschlachtet, dann Hunde.
Verloren, verloren ist nichts. Wasser haben wir viel, und morgens gießen die Mädchen
Pflanzen und Blumen, weit leuchten die Malven, Hochzeiten vorerst verboten.
Auf die Mauern ist Verlaß. Wer kinderlos stirbt, so das Gesetz, dessen Geld
Steckt in die Mauern, und viele verzichten, uns zur Last zu fallen mit ihrem Leben.
Keinen hält es lange im Totenbett. Keinen hält es lange abends draußen,
Wenn der Wind das Klirren der Waffen herüberweht von den Schiffen der Feinde.
Sie warten mit dem Angreifen. Die Zeit steht. Uneinnehmbar die Stadt, auf den Felsen gehoben.
Immer noch schreiben wir das Jahr Zwölfhundertachtundvierzig, das dritte Jahr
Der Belagerung. Könnten wir Steine essen, zerschneiden, im Mörser zerstampfen zu Brei
Und essen die Steine? Den sicheren Felsen unter den Füßen, die eigene Insel wegessen?
Ein paar Wochen, dann öffnen die Stadttore wir. Die Welt wird nicht einstürzen,
Sagen die aus den großen Familien. Die Venezier, sagen andre, werden in die Steinzeit

Uns bomben oder in die Ewigkeit, die machen keinen Kompromiß, Sklaven oder Kunden.
Einige schauen schweigend aufs Meer, als käme die Rettung noch, die von den Archonten versprochne.
Andere haben Hoffnung auf Milde und üben, wie man die Hände hebt ohne Verdacht zu erregen.

2

Drei Jahre, nicht länger brauchten die Kreuzritter und die Flotte venezischer Händler.

3

Einer hielt die Ohren sich zu und wurde zerfetzt.
Einer stopfte Wachs in die Ohren, ließ sich fesseln und fiel in Wahnsinn.
Einer sang mit Leier und Schlagzeug mit Worten und singt.

Fußgängerzone

Vor den Kinos in Reihen geordnet warten
Auf die nächste Schlacht im Krieg der Sterne Menschen.
Komm in die Stadt! Die Autobahnen brennen.
Hier ist die Wärmedämmung noch erträglich.
An Haltestellen werden Flugblätter verteilt, und doch
Sackt der Himmel auf die Erde wie ein Blitz
Durch alle Plastiktüten. Zu spät,
Zum Kämpfen zu spät, kräht ein Clown im Fernsehn
Und macht Kopfstand hinter den Schaufensterscheiben.
Kinder sehen zu, wie Kinder Läden plündern.
Eh der Minister, der alles ordnen will, durch
Die Steinkulissen streift, sind alle Leichen
Aus dem Weg geschafft. Nach uns wird kommen,
Sagt er feierlich in jede Kamera,
Die Unantastbarkeit der Würde der Hunde.

Die Landvermesser

Auf den Wiesen die Vermessungsingenieure
Mit Gehilfen und mit Spießen rotweißrot
Ganz versunken in die Harmonien
Der Millimeter blind vermessen sie
Was sichtbar ist die grad gepflügten Äcker
Die Weiden die in Gräben kippen
Leuchtender Staub am leeren Sportplatz
Das alles übersetzen in die Zahlensprache
Gelbe Todesboten einer neuen Konjunktur

Ach meine Herren stimmen die Grundbücher
Immer noch nicht oder warum vermessen Sie
Diesen Landstrich zum soundsovielten Mal?

Laß sie doch laß sie doch du mußt
Das Lebende vom Toten trennen! ruft
Gustafsson der Philosoph und lacht

Im Schnellzug kriechen wir vorbei

Intercity Joseph von Eichendorff

Im schnellen Zug auf fremde Kosten fliegend
So ist das Land am schönsten draußen Mai
Als wär ich da zu Haus als wäre ich nicht fort
Hinter der Trennscheibe zur durchsichtigen Welt

Die »Destruktivität des Menschen« weiterlesen
Als wär ich fort als wäre ich dabei
Kann nicken mit wachsender Geschwindigkeit
Immer wieder nicken als hätt ich keinen festen Ort

Zurück zur Zukunft

Ein schwarzer Folienvogel auf der Fensterscheibe
Der andre Vögel warnen soll vor Selbstmord
Sieht drinnen Männer ernsthaft diskutieren
Und horcht an seiner Scheibe hört
Reden vom goldnen Zeitalter und voll von
Utopien sei die Welt Die Zukunft hört er
Fand in Büchern schon mal statt und schneller
Als Papier zerfielen die Städte und Nester

Der schwarze Vogel scheu versteht nicht gut
Was die da drinnen flüstern: Zurück zur Zukunft?
Er blickt nach draußen Im Schnee Bäume
Die fruchttragenden noch nicht zu unterscheiden
Von den verreckten und weit dahinter Felder Städte
Ach wie gern möcht er die Flügel spannen
Und flög wohin wiehoch soschnell ganzweit
Und klebt fest an der Scheibe warnend
Immer ähnlicher vieltausendjährigen Fossilien
Den grauen Folienvögeln im Gestein

Petrofskys Katze

Petrofsky, Professor in Ohio, hat eine Katze, lahm
An einem Bein, die Muskeln noch intakt, und lahm
Sieht häßlich aus und kostet Mitleid, also muß
Die Katze wieder richtig laufen. Petrofskys
Forscherteam sucht aus den hundert Muskeln,
Die eine Katze braucht zum Schleichen Schreiten Springen,
Die acht Muskeln aus, ohne die sie keinen
Schritt hinkriegt, mit acht läuft sichs passabel.
Schon vorher hat Petrofsky ein gesundes Katzenbein
Mit Elektroden angezapft und die Nervimpulse
Und deren Zeitfolge ausgemessen mit dem Rechner
Und daraus ein Programm entwickelt, das imitiert
Genau die aus Gehirn und Rückenmark fließenden
Befehle an die acht ausgewählten Gehmuskeln.
Nun wird das Bein geschient, damit das Tier nicht fällt.
Dann reizt Petrofsky die acht Bewegungsnerven
Seiner Katze mit einoperierten Mikroelektroden,
Und siehe da! Das sind ja fast natürliche, harmonische
Muskelkontraktionen! Die Katze läuft, sie läuft, hurra!
Doch läuft sie, Petrofsky gibt es gerne zu,
Nur auf dem Laufband läuft sie im Computertakt
Und läuft auch nur im Schlafen oder in Narkose.
Petrofsky sucht noch Katzen, lahme Katzen,
Wristh State University Ohio.

Guten Morgen, Frühling

1
Ein Vogelschrei –
Ein Stoß in die Rippen –
Schritte in den wippenden Morgen –
Vierhundert Muskeln für den einzigen Schritt –
Komm mit! Komm mit! Komm mit! Komm mit!

2
Magnolien Mandelbäume, alle Blätter
Geöffnete Violinschlüssel.
Fürchtet euch, wie verletzlich alles ist!
Freut euch, es ist das Wörtchen Trotzdem, das die Welt
Noch einige Tage zusammenhält.

3
Guten Morgen, ihr städtischen Stiefmütterchen!
Merkt immer noch keiner, daß ihr ausseht wie Karl Marx?
Guten Morgen, ihr versteckten Flötentöne
In den vorschriftsmäßig blühenden Gärten!
Guten Morgen, ihr Baukräne, warum seht denn ihr
So feindlich aus, ihr könnt doch nichts dafür.

4
Ach frag mich
Oder frag mich nicht,
Warum ich fröhlich bin
Zwischen fremder Menschen Haufen.
Mein Blut hat Farbe noch. Ich seh. Kann sitzen oder laufen.

5
»Zitronen und Planeten
In den Zweigen der Sonne
Wie oft beherbergt ihr
Den grünen Schatten meiner Liebe
Den grünen Schatten meiner Liebe«
(Sagt der hier unbekannte Dichter)

6
Einen Moment lang liegen alle Beweise
In meiner alten Hand.
Öffne dich, Hand, öffne dich!

Panik für Deutschland

Es klingeln die erstaunlichen Studenten an der Tür
Zur falschen Zeit: Nimm uns die Angst! Sag dies noch
Und das! Und sag, wos lang geht! Augenblicke festhalten
Ist mein Metier, sag ich. Sie fragen hartnäckig weiter.

Schmerzverzerrte Männer tauchen zwischen Öltanks auf
Und fordern: Schreib über die Natur, die ganze seufzende,
Vergiftete Natur! Zum »Erfassen der Welt«, seufz ich,
Brauch ich das Atemholen, und laßt mir mein bißchen
Humor!

»Panik für Deutschland« an jeder Straßenecke, und
In der Wohnung tummeln sich Sprengköpfe, Schiffs-
träume,
Schwerfällige Wolken, kippende Fernsehtürme im Flur,
Schlagzeilen fächeln, alle klopfen mir auf die Finger:

Halte uns an, du kannst doch die Zeit anhalten!
Das Blei ruft! Die Schiffbrüchigen in der Straßenbahn!
Die Füchse! Die Befreiung! Die widerständige Jugend!
Das Lächeln zwischen Leben und Tod! Der weinende
Beton!

Verhungerte auf dem Schreibtisch geordnet lebendig,
Schweißnasse Rücken der Plantagenarbeiter im Archiv,
Und mein Gedanke beim Blick aus dem Fenster könnte
Zynischer sein: Ich hab kein Messer in der Brust.

Vorm Fenster lauern dann die Bäume mit ihren Förstern
Und fragen beleidigt: Wo bleibt dein Beitrag gegen
Die Großindustrie? Geduld, sag ich. Was für Zeiten,

In denen die Bäume von den Menschen sprechen!

Die Kinder bitten: Erzähl was! Und ich erzähle,
Als hingen keine Schwerter über den Köpfen, und seh
Die unzählbaren Enttäuschten, aus den Himmeln gefallen,
Müde vor den Bildern aus den Museen für Mut.

Ganz neue Sprachen des Stöhnens müßten erforscht werden,
Erzähl! Das allen Ängsten spottende Wachsen gedeutet,
Mach weiter! Die Parolen der cleveren Teufel zerpflückt,
Und, nun mach schon!, hundert Formen der Gegenwehr gefeiert.

Mein Erdteil dreht sich um die schlechten Träume,
Und wenn der entzündete Zweidrittelmond aufgeht,
Winke ich schon ab, auch ihm werd ich nicht geben,
Was er in Panik will, bei mir politisches Asyl.

Mit ernstem Blick

Die Wanderjahre sind nun angetreten
Und steigend durch verfängliche Etagen
Seht ihr mich: Sogar auf Kanzeln steigend
Auf denen meine schwarzen Väter standen
Also noch beschäftigt mit dem Abstieg ich
Durch Wälder rückwärts streifend auf der
Suche nach dem längst versunknen Dorf
Ich pflege nicht zu singen und zu beten
Und bin doch jeden Morgen jeden Abend wieder
Überrascht von der Vertreibung aus dem Paradies
Von Zahl und Größe aller Wunden und
Voll beschäftigt mit dem Sehn und Hören

Die Krähen stürzen auf die Landebahn
Und sagen: Vergiß nicht wie wir steigen
Haarfeine Risse flüstern ihr Geheimnis
Und ich versteh die Sprache der Alarmanlagen
Mein täglicher Disput mit dem nervösen
Zeitungspapier führt zu druckbaren Resultaten
Nur diese Dialekte stumm schreiender Gesichter
Sind mir nicht gut genug vertraut denn
Auf der Irrfahrt vom Berechnen zum Begreifen
Zum Staunen zum Schweigen zum Schreiben seht ihr
Mich Kind mit dem belustigt ernsten Blick
Ins eigne Herz und in das Herz der Lieben

Gramscis erste Überfahrt

Gib acht, das Meer legt strenge Farben an
Gib acht, dir zittern schon die Kniegelenke
Und halt den Koffer fest
Der Koffer ist aus Pappe
Und zu essen nur ein Käse
Ein Käse von Cagliari bis Turin

Dem reicht die Reling grade bis zum Hals
Der hat gar keinen Hals der Buckelzwerg
Dem Hungerleider zittern ja die Knie
Ein Wrack ein Schlafwandler Student

Gib acht, woher sie die Verachtung haben
Gib acht, so wichtig bist du nicht
Wer hat dein Land so zugerichtet
Das wirst du klären
Lernen lernen lernen
Anders ist die Welt ein Graus

Er schwankt, er träumt im Hungerfieber
Ein Teil bist du von dem was sich bewegt
Ein Tropfen in der Flut die steigt
Viel zu langsam, langsam dampft das Schiff

Anmerkungen

Geschichte vom Rheinfisch vgl. Dieter Hentrup, Wieder Lachse und Forellen im Rhein, Frankfurter Rundschau, 9. 12. 1978. »Viele Fische haben sich schon so an die Verschmutzung gewöhnt, daß sie in sauberem Wasser sofort wie an einem Schock sterben.«
Legende vom Bartholomäus Der Legende nach wurde B., christlicher Apostel und Märtyrer, gehäutet.
Lieder eines fahrenden Gesellen Liederzyklus von Gustav Mahler (1884).
Wasserspiele Die dreiundzwanzigjährige Marie Spelterini aus Berlin überquerte 1876 als erste Frau die Niagarafälle auf dem Seil.
Eröffnung des Weltkriegs in Xanten Abend nach dem gescheiterten Geiselbefreiungsversuch der USA im Iran, April 1980.
Marianne H. 1945 Auf Anregung des denunziatorischen Berichts »Marianne mit den spitzen Ohren«, in: Herbert Bernhard, 1945 – Die Entscheidungsschlacht am Niederrhein. Wesel (o. J.)
Fünfter Gang im Grenzgebiet Bei Ooij und Beek/Nijmegen. (Mein Fahrrad hat Fünfgangschaltung.)
Fähre Schenkenschanz Kreis Kleve.
Wortmeldung zur Rüstungsdebatte Teil des Lebensmittelbedarfs einer Division, laut: Die Luftwaffe am Niederrhein. Kalkar 1980.
Voltaire in Kalkar 1740 Voltaire und Friedrich II. von Preußen trafen sich 1740 zum ersten Mal, im Wasserschloß Moyland bei Kalkar.
Belagerung von Monemvasia Griechische Stadt an der Ostküste des Peloponnes, auf winziger, durch einen Damm mit dem Festland verbundener Insel. Im Mittelalter wichtige Festung.
Intercity Joseph von Eichendorff Vgl. Erich Fromm, Anatomie der menschlichen Destruktivität. Reinbek 1977.
Zurück zur Zukunft Auf Anregung des 2. Kolloquiums über literarische Utopien der frühen Neuzeit im ZiF, Bielefeld 1981. Die 2. Strophe verbirgt eine Formulierung von Jean Paul.
Guten Morgen, Frühling Der unbekannte Dichter ist Gerardo Diego, das Zitat aus »frühling«, in: G. D., Gedichte – Versos, übersetzt von Bernward Vesper-Triangel. Berlin 1965.
Panik für Deutschland Vgl. Jean-Paul Sartre, Was kann Literatur? Reinbek 1979. »Es geht nicht um den Inhalt ... es geht um das Erfassen der Welt.«
Mit ernstem Blick Variation auf Goethes Gedicht »Wandersegen«.
Gramscis erste Überfahrt Der Sarde Antonio Gramsci, Mitbegründer der KPI und Theoretiker eines weitsichtigen, antidogmatischen Marxismus, fuhr 1911 als Zwanzigjähriger zum ersten Mal übers Thyrennische Meer, »wie im Zustand eines Schlafwandlers«. Vgl. Guiseppe Fiori, Das Leben des Antonio Gramsci. Berlin 1979 (Rotbuch Verlag).

Friedrich Christian Delius, geb. 1943 in Rom, aufgewachsen in Wehrda und Korbach/Hessen. Von 1963 bis 1978 in Berlin; Studium der Literaturwissenschaft, danach Verlagsarbeit, davon fünf Jahre Lektor im Rotbuch Verlag. 1978-1980 in Beek bei Nijmegen/Niederlande, seitdem in Bielefeld.

Kerbholz. Gedichte. Berlin 1965 (Wagenbach Verlag)
Wir Unternehmer. Über Arbeitgeber, Pinscher und das Volksganze. Eine Dokumentarpolemik anhand der Protokolle des Wirtschaftstages der CDU/CSU 1965 in Düsseldorf. Berlin 1966 (Wagenbach Verlag)
Wenn wir, bei Rot. Gedichte. Berlin 1969 (Wagenbach Verlag)
Der Held und sein Wetter. Ein Kunstmittel und sein ideologischer Gebrauch im Roman des bürgerlichen Realismus. München 1971 (Hanser Verlag)
Unsere Siemens-Welt. Eine Festschrift zum 125jährigen Bestehen des Hauses S. Berlin 1972 (Wagenbach Verlag/Rotbuch Verlag)
Ein Bankier auf der Flucht. Gedichte und Reisebilder. Berlin 1975 (Rotbuch Verlag)
Ein Held der inneren Sicherheit. Roman. Reinbek 1981 (Rowohlt Verlag)

Die Gedichte dieses Bandes, 1977-1981 geschrieben, sind mehr oder weniger in der Reihenfolge ihrer Entstehung geordnet.

Gedichte, Lieder, Poeme im Rotbuchprogramm

Jim Burns, *Fred Engels bei Woolworth*
Gedichte. Rotbuch 173. 64 Seiten. DM 7

György Dalos, *Meine Lage in der Lage*
Gedichte und Geschichten. Rotbuch 218. 80 Seiten. DM 8

F. C. Delius, *Ein Bankier auf der Flucht*
Gedichte und Reisebilder. Rotbuch 144. 72 Seiten. DM 7

Christian Geissler, *Im Vorfeld einer Schußverletzung*
Gedichte. Rotbuch 230. 88 Seiten. DM 8

Yaak Karsunke, *da zwischen*
35 Gedichte & ein Stück. Rotbuch 206. 80 Seiten. DM 8

Karl Mickel, *Eisenzeit*
Gedichte. Rotbuch 156. 72 Seiten. DM 7

Bodo Morshäuser, *Alle Tage*
Gedichte. Rotbuch 212. 72 Seiten. DM 8

Walter Mossmann, *Flugblattlieder, Streitschriften*
Rotbuch 235. 208 Seiten. DM 12

Helga M. Novak, *Balladen vom kurzen Prozeß*
Rotbuch 138. 72 Seiten. DM 7

Helga M. Novak, *Margarete mit dem Schrank*
Gedichte. Rotbuch 182. 80 Seiten. DM 8

Aras Ören, *Was will Niyazi in der Naunynstraße*
Ein Poem. Rotbuch 101. 72 Seiten. DM 7

Aras Ören, *Der kurze Traum aus Kagithane*
Ein Poem. Rotbuch 120. 96 Seiten. DM 6

Aras Ören, *Privatexil*
Gedichte. Rotbuch 168. 72 Seiten. DM 7

Aras Ören, *Die Fremde ist auch ein Haus*
Berlin-Poem. Rotbuch 222. 72 Seiten. DM 8

Jannis Ritsos, *Steine, Wiederholungen, Gitter*
Gedichte. Rotbuch 234. 96 Seiten. DM 10

Rolf Schwendter, *Ich bin noch immer unbefriedigt*
Lieder zum freien Gebrauch. Rotbuch 227. 128 Seiten. DM 8

Tilbert Stegmann (Hg.), *Diguem no – Sagen wir nein!*
Lieder aus Katalonien. Rotbuch 214. 160 Seiten. DM 11

Jürgen Theobaldy, *Zweiter Klasse*
Gedichte. Rotbuch 148. 80 Seiten. DM 7

Philipp Jacob Weichberger, *Reissblei*
Gedichte aus New York. Rotbuch 239. 72 Seiten. DM 8

Peter-Paul Zahl, *Schutzimpfung*
Gedichte. Rotbuch 132. 64 Seiten. DM 6

Peter-Paul Zahl, *Alle Türen offen*
Gedichte. Rotbuch 178. 96 Seiten. DM 8

Dieter E. Zimmer, *Ich möchte lieber nicht, sagte Bartleby*
Gedichte und Spottstücke. Rotbuch 196. 80 Seiten. DM 8

F. C. Delius, *Unsere Siemens-Welt*
Eine Festschrift zum 125jährigen Bestehen des Hauses S.
Mit einem Anhang zum Prozeß
Rotbuch 102. 160 Seiten. DM 10

Über unser vollständiges Verlagsprogramm informiert Sie unser kostenloser Almanach »Das kleine Rotbuch«. Bitte anfordern: Rotbuch Verlag, Potsdamer Str. 98, 1 Berlin 30